HAMMAM
DE NICE

Société anonyme, Capital 150,000 francs

BAINS TURCS — TURKISH BATH
GYMNASES DES GRECS, THERMES DE ROME

PLACE GRIMALDI
(Derrière le Casino et le Temple anglais)

GUIDE DU BAIGNEUR
(TROISIÈME ÉDITION)

PAR LE

Docteur CHARLES DEPRAZ

Ex-Professeur de médecine, Fondateur et Directeur du Hammam de Nice
Membre de plusieurs Sociétés savantes
Et promoteur de la Société anonyme des *Hammams de France*

PARIS
ADRIEN DELAHAYE, LIBRAIRE
PLACE DE L'ÉCOLE-DE-MÉDECINE

1869

HAMMAM
DE NICE

Société anonyme, Capital 150,000 francs

BAINS TURCS — TURKISH BATH
GYMNASES DES GRECS, THERMES DE ROME

PLACE GRIMALDI
(Derrière le Casino et le Temple anglais)

GUIDE DU BAIGNEUR
(TROISIÈME ÉDITION)

PAR LE

Docteur CHARLES DEPRAZ

Ex-Professeur de médecine, Fondateur et Directeur du Hammam de Nice
Membre de plusieurs Sociétés savantes
Et promoteur de la Société anonyme des *Hammams de France*

PARIS
TYPOGRAPHIE CHARLES DE MOURGUES FRÈRES
RUE JEAN-JACQUES ROUSSEAU, 58

1869

INDEX

Horaire. — Prix du Bain. — Consultations médicales.

§ 1. — Origine et nature du Hammam.

§ 2. — Description du Hammam de Nice.

§ 3. — Conseils aux néophytes.

§ 4. — Aphorismes sur le Bain turc.

§ 5. — Le Bain turc complément du climat de Nice.

§ 6. — De la thermothérapie.

§ 7. — Avis réglementaires du Hammam.

HAMMAM DE NICE

Horaire.

Le Bain est ouvert dès huit heures du matin jusqu'au soir.

Les après-midi des *mardis* et *vendredis* de chaque semaine sont exclusivement réservés aux dames, à partir d'une heure.

Toute modification au présent horaire sera annoncée préalablement dans les journaux et par une affiche, au bureau de l'établissement.

Prix.

Bain complet avec massage............	4 fr.	»
Par abonnement de cinq et dix.........	3	»
Bain sans massage, par abonnement.....	2	»
Bain complet pour les médecins........	1	50
Hydrothérapie, par abonnement.........	1	50

Cartes de saison (donnant droit au Bain complet, même plusieurs fois par jour).

Pour un mois.....................	60 fr.	»
Pour trois mois..................	100	»
Pour six mois....................	150	»
Pour tout le temps de l'ouverture du bain.	200	»

Un *salon de coiffure* et un *restaurant* sont attachés à l'établissement.

Le massage se fait d'après les méthodes Algériennes et Indiennes par de vrais Orientaux.

Le Kabyle Ben-Mohamed, de la tribu des Beni Djenad, douar Irilli Aghache, cercle de Tizi-Ouzou, ancien masseur de S. A. I. le prince Napoléon, fait partie du personnel.

Consultations médicales.

Le Docteur CHARLES DEPRAZ, ancien Professeur de médecine, et spécialiste pour les Bains turcs, séjourne dans l'établissement pour toutes les personnes qui désireraient suivre un traitement. — Les honoraires du Médecin se paient à part.

Première consultation.................	10 fr.
Les suivantes........................	5
Traitement pour la saison.............	50

HAMMAM DE NICE

§ 1.— Origine et nature du Bain.

Le *Hammam* ou *Bain turc* a pour but l'application de la chaleur au corps humain. C'est le Bain des anciens, qui était ouvert au public dans les *gymnases* et les *thermes*, symboles de la civilisation antique. Dégradé au moyen âge par les *Étuvistes*, le Bain s'est maintenu dans tout l'Orient, et il nous revient en Europe sous le nom de *Hammam*.

Le Bain consiste dans une série de salles voûtées et chauffées à des températures progressives, au moyen de *calorifères spéciaux*, placés sous des parquets de marbre. Le corps y est soumis à une abondante transpiration, suivie de massage, de frictions et de savonnages parfumés, sous la main intelligente de vrais masseurs Orientaux. Ces exercices, qui amènent à la peau une circulation active, se terminent par des ablutions à volonté d'eau chaude et d'eau froide, par des douches variées, et enfin par une immersion dans une vaste piscine d'eau courante où l'on peut, même pour un instant, se livrer à la natation. Le corps, régénéré en propreté et en forces, vient ensuite se reposer délicieusement dans une élégante salle de repos, le *Mustaby* des Turcs, qui réunit à la fois le luxe Oriental et tout le confort Moderne : divans moelleux, berceuses américaines, fauteuils articulés, pur moka, sorbets parfumés, narghnillés et restaurant de premier choix.

Le *Hammam* de Nice est le premier établissement de ce genre qui ait été créé en France depuis les *Thermes* de l'époque *gallo-romaine*. L'élite de la société étrangère et niçoise a patronné cette entreprise pour répondre à un besoin, pour doter la perle du littoral méditerranéen d'une institution éminemment utile et agréable, et pour faire pénétrer dans les masses l'idée et la pratique de la propreté, de la politesse, des jouissances honnêtes, au grand détriment des cabarets et de tous les mauvais lieux.

Quels immenses avantages économiques et sociaux feraient surgir ces établissements généralisés dans les villes, dans les colléges, dans les casernes, dans tous les centres de réunion et de population ! Car ces bains, pris en commun, dans de vastes salles chauffées, où le nécessaire peut s'allier à la simplicité, procurent à tous agréablement et à bon marché : propreté, bien-être, régénération physique et morale. C'est le complément obligatoire de tous les gymnases, remis en honneur avec autant de succès que de talent par notre ami

Eugène Paz. Le Bain et la Gymnastique combinés constituent le véritable *entrainement* appliqué à l'homme.

« En favorisant l'hygiène publique et en améliorant le plus possible le bien-être des individus, on diminue la masse de l'impôt que prélève l'indigence ; et comme tout s'enchaîne dans l'ordre moral, on développe en lui le sentiment du respect de lui-même, et l'accomplissement de ce premier devoir le prépare aux autres et les lui rend plus faciles. » (Aphorisme Saint-Simonien.)

§ 2. — Description du Hammam de Nice.

La distribution de cet établissement a été faite d'après les plans les plus parfaits des nombreux Hammams de l'Angleterre.

1° La partie antérieure ou *atrium* renferme le bureau où les baigneurs reçoivent leur billet d'entrée et peuvent déposer leurs objets de valeur contre une contre-marque numérotée. — Le salon de coiffure et le restaurant sont disposés de chaque côté du bureau, avec une issue spéciale pour l'intérieur du Bain. Au-dessus de l'atrium se trouvent la salle d'administration et l'appartement du Médecin-Directeur.

2° La partie moyenne ou *frigidarium* comprend le vestiaire. L'on se déshabille dans des cabines particulières, et les effets sont déposés dans des casiers numérotés et fermés à clef, sous la surveillance du gardien, le *capsarium* des thermes. — A l'opposé, se trouvent la vaste piscine de natation, les douches variées et un petit vestiaire spécial aux *hydropathes*, qui séjournent peu dans l'établissement. — Au milieu est installé le vaste salon de repos, d'une élégante architecture Orientale, entouré de divans et de fauteuils, où l'on se réunit après le bain pour fumer, causer et se restaurer dans toute cette voluptueuse liberté que procure l'ample peignoir turc à l'étoffe moelleuse et resplendissante de blancheur.

3° L'arrière partie du bâtiment est le *calidarium*, ou bain proprement dit. Il est disposé en croix de Malte, recevant le jour par les voûtes percées d'étoiles en vitraux coloriés. Le parquet est de marbre blanc ; tout autour, des divans de marbre blanc à un demi-mètre de hauteur dissimulent les vastes bouches de chaleur des calorifères souterrains ; des tapis et des sandales permettent de marcher librement sur les dalles brûlantes. La grande salle, toujours chauffée à 50 degrés (120 F.), est le *tepidarium* des anciens. Une fontaine de marbre blanc, artistement disposée au centre avec vasques et robinets d'argent, permet de répandre à volonté dans les salles chaudes une atmosphère de vapeurs insensibles. Dans un des angles est fixée une gymnastique suédoise avec contrepoids et haltères, où le baigneur peut aider sa transpiration par quelques exercices musculaires. Les quatre angles rentrants de la croix de Malte forment quatre autres petites salles voûtées qui ont chacune leur nom et leur destination : le *caldarium* chauffe à 60 degrés environ, dix à douze degrés de plus que le *Tepidarium*; l'on y va passer quelques minutes pour activer la transpiration ; on y séjourne plus longtemps quand on veut prendre rapidement son bain. Le *laconicum* est la salle la plus chaude ; elle peut arriver à 80 et 100 degrés au moyen du *calorique rayonnant* par un fourneau en fer ou en tôle qui correspond au *clypœus* des anciens. L'on n'y reste que peu de minutes, pour fouetter énergiquement le système circulatoire et nerveux dans certains cas spéciaux. L'*alipterium* est la salle des massages ; elle n'a que 40 degrés (100 F.), de chaleur ; elle possède des lits de marbre sur lesquels le baigneur s'étend pour être frictionné et massé. Le *balneum* ou *lavatorium*, aussi à 40 degrés, est entouré de quatre conques de marbre surmontées d'un double robinet pour l'eau chaude et l'eau froide ; devant chaque conque ou bénitier se trouvent le *petit banc* sur lequel est assis le baigneur, le *baquet* pour préparer le savon parfumé instantanément et pour chaque client, le *balai* de racines de palmier qui sert à répandre sur tout le corps la mousse savonneuse, et la *sébile* de cuivre pour l'ablutionner à trois reprises avec des flots d'eau chaude et mitigée, toujours parfaitement pure. C'est la vraie purification Orientale.

§ 3. — Conseils aux néophytes.

Si le Bain Turc est pris pour une cause déterminée de maladie, il est de rigueur de ne s'y rendre qu'après l'avis consciencieux d'un médecin très-expert, parce que, dans ces cas, l'administration du Bain peut varier à l'infini, et comme durée, et comme température, et comme combinaisons de massage et d'hydrothérapie. Mais comme le plus grand nombre prend le Bain par hygiène, dans l'état de santé, par agrément et comme préventif des maladies, l'on peut donner pour cela des préceptes généraux.

Le premier principe consiste à être dans le bain toujours dans un état de bien-être. Il ne faut toutefois point considérer comme malaise cette première impression que l'on éprouve à son entrée dans les salles chaudes. Cette sensation est plutôt une surprise qu'une souffrance ; elle disparaît promptement, et toujours dès que la peau se met en moiteur. L'évaporation qui se produit à sa surface la soulage d'autant en empruntant son calorique. Quand les pores sont rétifs à s'ouvrir, il est bon d'arroser tout le corps d'eau chaude, qui devient ainsi une couche de transpiration artificielle.

Si, par suite d'une peau maladive, parcheminée ou d'une mauvaise disposition temporaire la transpiration tarde à venir, si la tête s'anime et s'échauffe, il ne faut pas insister. On sort du bain pour y rentrer ensuite ;

on s'ablutionne le corps d'eau chaude, on se douche énergiquement à froid (en évitant la tête pour l'eau froide, précepte si souvent méconnu même par des praticiens éminents) ; la réaction ne tarde pas à suivre l'impression contractive de l'eau froide, les centres sont soulagés, la peau s'anime, se colore, les pores s'ouvrent et la transpiration se forme d'abord en pointillements humides, bientôt en globules et en perles. De ce moment il n'y a plus rien à craindre ; on ne ressent plus ni chaleurs ni malaises; on peut boire glacé et à volonté, l'équilibre de température se fait aux dépens du calorique ambiant, l'absorption est plus rapide, et tout le corps est changé en une espèce de philtre dépurateur, par les boissons saines, fraîches et agréables qui entrent, et qui bientôt deviennent sueurs abondantes, réparatrices, chargées de tous les produits pervers ou usés de l'économie. C'est en un mot un vrai système hydropathique interne, un lavage à grandes eaux en dedans, comme le masseur intelligent se chargera bientôt de l'établir au dehors.

Si, malgré ces précautions et ces efforts méthodiques, le baigneur se trouve incommodé par la chaleur, si sa peau est sèche et aride, sa figure injectée et son pouls trop rapide, qu'il ne persiste point. Une seconde tentative sera plus heureuse. Nous avons vu des peaux tellement rebelles qu'il fallait plusieurs séances de frictions énergiques, de passages multipliés du froid au chaud, pour amener à peine une légère moiteur à la peau ; et nous étions sûrs *a priori* que ces personnes, malgré une apparence vigoureuse, recélaient quelques prédispositions morbides très-dangereuses, telles que la gravelle, la diathèse rhumatismale ou goutteuse, des engorgements viscéraux contre lesquels la jeunesse et les soins luttaient encore en vainqueurs, mais que tôt ou tard une cause occasionnelle quelconque, une impression de froid, et surtout l'âge, changeraient tout-à-coup en maladie sérieuse, aiguë et chronique, où les remèdes ordinaires seraient impuissants, et le *Bain turc* lui-même, remède éminemment hygiénique et préventif, arriverait trop tard ! Si la transpiration ne s'établit pas sous des combinaisons aussi rationnelles et aussi énergiques que la chaleur, l'eau froide et tous les exercices du Bain turc, la faute n'en est pas au bain, mais à la mauvaise disposition du sujet. La peau se lie tellement à l'état des organes, qu'elle recouvre de son enveloppe protectrice ; elle est tellement le baromètre sûr, palpable, de l'état de santé de l'économie, que, même des baigneurs émérites qui, en général, transpirent comme des fontaines après quelques minutes de séjour dans le bain, le jour où une affection morbide s'empare d'eux comme un coup de froid, un rhumatisme, une névralgie, ce jour-là ils sont très-résistants à la transpiration ; et la partie malade, rhumatisée, comme la jambe dans la sciatique, l'articulation dans un accès goutteux, ne transpirent nullement. C'est une expérience de tous les jours, et la douleur locale ne s'apaise que quand la détente organique survient et se traduit par la moiteur ou la transpiration. « La peau commande aux maladies, et le Bain commande à la peau » axiome antique.

Le temps à passer dans le bain est très-variable, selon les personnes et selon les cas. Mais de tous les bains, le plus rapide comme le plus long, est le Bain turc. Le bain consiste essentiellement dans la transpiration suivie d'une affusion d'eau froide : la personne accoutumée au bain peut, en moins d'un quart d'heure, prendre un bain parfait ; cinq à dix minutes dans la salle plus chaude la mettront en abondante transpiration ; trois minutes au *lavatorium* lui poliront le corps comme de l'ivoire ; une immersion dans la piscine la rendra à l'état normal ; et si elle a soin ensuite de se vêtir lentement, pour ne pas remettre ses pores en activité, elle pourra aller vaquer à ses affaires. C'est ce que font les nombreux Anglais propriétaires de bains particuliers (*private bath*). Le matin, en sortant du lit, ils vont au bain faire leur toilette ; la transpiration assouplit même tellement les poils, que le rasoir court sur le visage comme un velours. Dans la journée ou le soir, en rentrant de leurs affaires, de leurs plaisirs, avant de se mettre à table ou de se livrer au repos, ils retournent prendre encore ce bain si prompt, si agréable, si réparateur, par la propreté et par la normalisation qu'il procure à la circulation de tous les organes, et ils sont alors tout disposés à la digestion la plus facile ou au repos le plus parfait.

En général la personne, que rien ne presse d'abréger ses plaisirs, trouve au Bain Turc ses plus douces et ses plus longues jouissances. Alors elle peut rester une heure environ dans le *Tepidarium*, jamais plus de 5 à 10 minutes dans les salles plus chaudes, et à volonté dans le salon de repos, où elle peut se restaurer, dormir ou faire sa correspondance. Certains journalistes et écrivains d'Angleterre ne se trouvent jamais mieux disposés à suivre au courant de leur imagination leur plume déliée qu'en sortant du bain, moelleusement étendus sur un divan de repos. Tout devient alors pour eux couleur de rose, comme le parfait bien-être qu'ils respirent par tous les pores de leur corps régénéré.

« Le cerveau et l'intelligence obéissent aux viscères; les viscères obéissent à la peau; la peau obéit au bain; le bain normalise donc le cerveau et l'intelligence. » Sorite rationnel.

En général c'est à jeun qu'il convient d'aller prendre son bain, ou du moins à une certaine distance du repas; une heure après le déjeuner, et environ deux heures après le dîner. Il faut que les substances solides se soient liquéfiées dans l'estomac, et que le *bol alimentaire*, sous l'action du *suc gastrique*, se soit converti en *chyme*, ait en grande partie franchi la porte du ventricule, dit *pylore*, pour être absorbé à la surface interne et tortueuse des intestins, sous la forme laiteuse et transparente de *chyle*.

L'on ne peut cependant regarder comme aliment

solide, capable de fatiguer l'estomac, une substance liquide et nutritive comme potage, consommé, café, lait et chocolat. Même plusieurs personnes à forte organisation, à digestion robuste, surexcitée encore par l'impulsion imprimée par le bain aux phases de l'assimilation, éprouveraient un sentiment de malaise, de lassitude, si elles ne se lestaient au préalable par ces substances simples et toniques susmentionnées.

Mais qu'il y a loin de ces aliments liquides et stomachiques à cette indigne exploitation, à cet atroce préjugé, que nous voyons régner imperturbablement dans tous ces bouges appelés *Bains Russes* à Paris. (On les appelle aussi *Bains de vapeur*, *Bains Orientaux*, *Bains Romains*; car pour ces amateurs ignares d'affiches et de réclames, tout est synonyme.) Ces établissements, cachés presque tous au fond d'une cour malpropre et malsaine, sont loin de toute inspection médicale, confiés souverainement à l'autocratie d'un ou de deux auvergnats garçons de bain, qui n'ont pas d'autres appointements que les pourboires et les remises qu'ont leur fait sur les boissons et les aliments. Aussi faut-il les voir *pousser à la consommation* ces pauvres baigneurs, dès qu'ils se plaignent d'être un peu étourdis par les vapeurs asphyxiantes de la *chaude!* C'est du vin, du *gros bleu*, à satiété, pour leur donner des forces, alors qu'il faudrait de l'air pur au lieu de boissons alcooliques qui poussent le sang au cerveau. Ce sont des tranches de viande, de jambon, de fromage dont on charge jusqu'à la garde ces pauvres estomacs qui ne demanderaient qu'un simple bouillon ou une tasse de thé; et on les repousse ensuite ces malheureux vers ces antres de vapeur brûlante, comme si le simple bon sens n'apprenait pas à chacun que la digestion a besoin de calme, que l'estomac a besoin de tout son sang pour secréter l'acide gastrique ; et que ces brusques secousses du bain de vapeur suivies d'eau froide ne font que contrarier une fonction normale et porter le sang au cerveau et à la périphérie du corps.

Si les accidents ne sont pas plus fréquents dans les *étuves humides* de Paris, il faut en savoir gré à ces robustes constitutions de cochers et d'ouvriers qui, toujours par ordre ou pour des douleurs rhumatismales, hantent ces lieux immondes. Une personne qui se respecte ne peut décemment s'y commettre ; les lieux, l'installation, les conversations, la tenue des clients, le service, tout est repoussant. Et ces bains qui vous attirent par le prix alléchant de 0,75 centimes, linge non compris, finissent par coûter à la bourse du pauvre ouvrier rhumatisant la somme de 2 ou 3 fr.; et il y perd toute sa journée, croyant bien faire en doublant et redoublant la dose de ses *chaudes* et ses copieuses libations. Que nos illustres confrères de Paris y prennent garde ; mais l'on contrevient complétement à leurs sages ordonnances. — Espérons que le temps n'est pas éloigné où chaque arrondissement de Paris verra surgir un Hammam économique, où l'ouvrier et le prolétaire seront décemment soignés, lavés et traités à raison de 0,50 centimes par séance et même avec gratification d'une tasse de pur moka.

§ 4. — Aphorismes sur le Bain turc.

1° Le *Bain Turc* est, au point de vue de l'agrément, de l'hygiène et de la thérapeutique, le meilleur et le plus efficace de tous les bains. Seul il peut donner une propreté parfaite, une sensation de vrai bien-être, et une résistance étonnante aux températures extrêmes du froid et du chaud. La peau acquiert, par son usage, une vitalité remarquable sur tout le corps, et une résistance analogue à celle de la peau des mains et de la face.

2° La transpiration par la chaleur, combinée avec l'application de l'eau froide, procure une triple médication à la fois dépurative, dérivative et tonique : en sorte que la plupart des maladies chroniques, en général rebelles aux remèdes ordinaires, comme les *affections rhumatismales, goutteuses*, les *engorgements viscéraux*, les *affections diathèsiques*, la *scrofule*, la *syphilis*, l'*obésité* se trouvent avantageusement modifiés par l'usage de ces bains.

3° La peau est à l'homme comme la feuille est à l'arbre, un vaste poumon externe avec des millions de pores, de glandules, de papilles, et un réseau infini de nerfs et d'artères. La peau est le complément et le supplément des poumons internes. Par le Bain Turc, la peau transpire et respire pour eux. Ainsi traitement des *laryngites*, *bronchites*, enrayement des *pneumonies*, modifications des *catarrhes* et des *affections tuberculeuses*.

4° La muqueuse des voies digestives et de tous les conduits internes n'est que la prolongation de la peau à l'intérieur du corps. Aux orifices externes, ses couches s'amincissent; l'*épiderme* devient *epithelium*; il y a donc entre la peau qui recouvre la périphérie du corps et tout le système muqueux similitude d'organisation et contiguité anatomique. Les modifications d'une partie similaire influencent le tout. La peau externe, modifiée par le Bain Turc, devient le modificateur de la peau interne, soit des appareils digestif, pulmonaire, urinaire et génital.

5° L'hiver et l'automne amoindrissent les fonctions cutanées, racornissent la peau ; de là exacerbation, à la chute des feuilles, dans les pays froids et brumeux, de toutes les *affections catarrhales*, des *bronches*, des *reins* et de la *vessie*. Le Bain Turc agit en sens inverse de l'hiver et de l'humidité ; c'est un climat sec et chaud, artificiel, toujours à la portée de chacun.

6° L'âge, par une prédominance progressive des éléments charbonneux de l'économie, par une rigidité croissante des capillaires, par une diminution consécutive des sécrétions plastiques, concentre à l'intérieur de l'économie animale la circulation périphérique : de là

les *rides*, le *blanchiment des cheveux*, la *calvitie*, l'*a-
preté de la peau*, les *dispositions apoplectiques*, la *rai-
deur des articulations*, la *fragilité des os*, tous les attributs, en un mot, de la vieillesse ; un degré de plus, de
la décrépitude : le Bain Turc, par un mouvement actif
et inverse de la circulation à la périphérie du corps,
agit comme la jeunesse, redonne la souplesse aux mouvements, l'entrain aux fonctions et la jovialité aux
caractères.

7° Pas de vraies maladies sans fièvres, lentes ou
aiguës, apparentes ou larvées ; pas de fièvres, sans une
altération de la peau dans sa circulation, dans sa sensibilité, dans sa caloricité, dans ses pouvoirs exhalants et
absorbants. Le Bain Turc, agit efficacement sur toutes
ces fonctions de la peau. Donc pas de vraies maladies
où le bain ne puisse être, ou le remède tout entier, ou
partie du remède curateur.

8° Le Bain Turc est souverainement *tonique* et *forti-
fiant*, par des exercices multipliés il rétablit l'équilibre
fonctionnel chez les personnes trop actives par l'intelligence, et trop inertes par le corps ; hommes de lettre,
hommes politiques, bureaucrates, boutiquiers, etc.

9° Le Bain Turc est le vrai *pondérateur fonctionnel*
des organes : par les transpirations abondantes, il ré-
gularise le bilan économique dans les personnes de l'âge
mûr trop adonnées aux plaisirs de la table, alors jus-
tement que sevrées d'autres sources de déperdition,
elles devraient imposer à leur estomac plus de sobriété ;

tels que banquiers, négociants enrichis, militaires en retraite, bons bourgeois retirés.

10° Le Bain Turc est *sédatif* et *réparateur :* en égalisant la circulation, il repose instantanément les forces fatiguées par une marche forcée, par une ascension Alpestre, par un long trajet en wagon ou en mer, par des insomnies prolongées, par des excès de tout genre : touristes, voyageurs, artistes, lutteurs, Turfistes et *petits Crevés.*

11° Le Bain Turc est *dépuratif* et *reconstituant*, par des sueurs fréquentes, par une assimilation plus prompte et plus parfaite ; il modifie les mauvaises constitutions, *rachitisme, gourmes, anémie, pâles couleurs, diathèse paludéenne, intoxication mercurielle* ou *saturnine*, et *lympathisme héréditaire*, premiers pas vers la *scrofule* et la *phthisie*, si l'on a soin de compléter son action méthodique et prolongée, par un régime régulier et substantiel.

12° Le Bain Turc enfin, est le *coadjuteur* de toutes les cures Balnéaires. Il facilite l'absorption des eaux minérales en toute saison et sous tous les climats. Partout où l'hydrothérapie est préconisée, le Bain Turc la remplace avantageusement, sans ses inconvénients, ses dangers et ses douloureuses sensations. Bien plus, il devient un remède efficace tout en restant une jouissance, comme au bain froid un fort de l'été, comme une boisson glacée par des chaleurs torrides.

§ 5. — Le Bain turc complément du climat de Nice.

Les maladies pour lesquelles le climat de Nice et de tout le littoral du midi est spécialement recommandé, sont les *affections de poitrine*, les *affections catarrhales*, les *rhumatismes*, les *engorgements des organes internes*, etc., et toutes ces indispositions de nature asthénique qui réclament un air tonique et vivifiant, capable de rendre au sang sa richesse, et à tous les organes leur vigueur. Or, comment agit le climat du midi ? Sans nul doute, le voisinage de la mer, la pression barométrique ont leur importance ; mais personne ne pourra contester que c'est surtout dans son soleil, que c'est dans la chaleur que résident les secrets et les précieuses ressources du climat de Nice. Eh bien ! Rayonnement calorifique, rayonnement électrique, ne sont-ce pas là les effets immédiats du Bain Turc appelé par les Romains thermes (θερμα, chaleur) ? Donc, à qui est ordonné le climat de Nice, à celui-là forcément sera favorable l'usage du Bain Turc, soit comme complément de cure, soit comme traitement supplémentaire dans les journées froides, humides et venteuses, dont hélas ! nos rives enchantées ne sont pas toujours exemptes.

Malgré ses inappréciables attributs, le climat de Nice a aussi ses revers et ses écueils ; ce sont ces lacunes funestes que le Bain Turc est appelé à faire disparaître. La chaleur habituelle de l'atmosphère de Nice a pour conséquence inévitable et physique le refroidissement à l'ombre, et des courants d'air froid en passant de la brillante *Promenade des Anglais* à la rue ombrée et humide, du jour étincelant au crépuscule brumeux et glacé, ce qui donne chaque soir le frisson aux individus même les plus vigoureux. Ces transitions sont tellement violentes et notoires, que les médecins et le public sont souvent à douter si réellement le séjour de Nice est avantageux aux personnes menacées de lésions pulmonaires. Le climat de Nice ne donnerait plus de douloureuses incertitudes, si l'on arrivait à garantir les personnes contre les variations de température et d'exposition. Le Bain Turc seul peut devenir ce préservatif : seul il peut assurer, et en peu de séances, l'économie animale contre les sensations opposées du froid et du chaud, du sec et de l'humide, de l'air étouffé, du mistral et de l'aquilon.

Cela paraît paradoxal, contradictoire; rien n'est cependant plus simple et plus compréhensible, même pour les profanes aux sciences médicales. Le Bain Turc, par ses transitions successives du chaud au froid, par les frictions, le massage, les savonnages multiples, donne à tout le corps, à toute la surface cutanée une circulation plus parfaite, une activité propre, une vitalité intrinsèque, une résistance, en un mot, à toutes les variations de l'air ambiant, à peu près comme les possèdent la figure et les mains, toujours exposés à l'air. Ce qui donne aux parties couvertes de notre corps cette impressionabilité qui relève notre peau en *chair de poule*, ce sont ces mêmes vêtements dont la décence et la civilisation nous affublent, et qu'une mode fort peu hygiénique a changé en fourreaux hermétiquement fermés et en corsets de force. Ce qui procure à notre peau cette pâleur morbide, c'est précisément cette couche sébacée et vernicée d'épiderme vieilli, que les flanelles maintiennent sur notre corps, comme un stuc imperméable à l'air. Découvrons ce corps quelques heures par jour, activons la circulation de cette peau étiolée, et alors les impressions du froid et de la chaleur n'auront plus de prise sur nous ; et tout notre corps prendra cette teinte rosée et particulière, indice certain de la force et de la santé, qui distingue si avantageusement le robuste montagnard du citadin efféminé, le beau gentleman anglais du petit gandin parisien

Une double expérience peut convaincre de ces vérités tout nouvel adepte au Bain Turc et dans une seule séance. En débutant dans le *tepidarium* à 50°, l'impression est tout d'abord d'une chaleur assez vive ; en passant ensuite dans le *caldarium* à 60°, ou mieux encore dans le *laconicum* à 80°, si l'on revient au *tepidarium*, l'on est tout étonné de trouver ce milieu de 50° plutôt froid que tiède. Il s'ensuit donc que l'usage du bain peut habituer notre corps à supporter impunément les chaleurs extérieures qui jamais, dans nos climats, n'arrivent même à 40°.

Seconde épreuve : quand l'on a subi toutes les phases

du bain; massage, frictions, savonnage, ablutions, douches et piscine d'eau froide, l'on peut impunément, plié dans un simple peignoir, rester à l'ombre, dans une salle au nord, portes et fenêtres ouvertes, la température extérieure fût-elle à peine supérieure à zéro. Et ce n'est qu'au bout d'un long espace de temps, que l'on commencerait à ressentir quelques horripilations, tant l'activité imprimée à l'organisme, et surtout à la circulation de la peau, a force de réagir contre le refroidissement.

De cette double expérience, palpable pour chacun à une première séance dans le bain, il est donc légitime de conclure, que seul le bain turc peut vraiment garantir contre les variations de température, et qu'il est destiné à parfaire cet admirable climat de Nice, en mettant ses nombreux et riches colons d'hiver à l'abri des seuls et réels inconvénients qui lui sont inhérents.

§ 6. — De la thermothérapie.

La thermothérapie (θερμα θεραπειν) est le traitement des maladies par la chaleur. Ce traitement est vieux comme le monde; le soleil est la source génératrice de toute chaleur; il est l'âme, la cause immédiate de la vie universelle. Il ne faut donc point s'étonner de voir les peuples primitifs, les sauvages, les Mexicains comme les Perses, qui brillèrent au premier rang de la civilisation, adorer le soleil!

Les bains d'eau, de vapeur, d'étuves sèches exercent une influence commune due à l'action du calorique, dont l'eau, la vapeur ou l'air ne sont que les véhicules. Cette action est à la fois *excitante* et *dépressive* : excitante par la stimulation des tissus et des systèmes déterminée par l'application du calorique, dépressive par suite de l'augmentation de l'exhalation pulmonaire et cutanée. Le bain froid, la douche froide exercent à leur tour une action *sédative* et *tonique*, laquelle venant immédiatement après l'action excitante et dépressive du bain, en corrige les inconvénients et en conserve les avantages. C'est par la combinaison intelligente et la sage pondération du chaud et du froid, de ces grands mouvements alternatifs de va-et-vient, d'expansion et de concentration, qu'ils provoquent dans les tissus et les liquides vivants, que l'on arrive à imprimer à l'organisme, aux grandes fonctions de circulation, de calorification, d'exhalation, d'absorption et de nutritions interstitielles, les modifications les plus profondes et les plus salutaires, et à guérir des maladies chroniques, jusque-là rebelles à tous les moyens de la science et à tous les efforts de l'art. C'est, en un mot, la vraie médecine physiologique, fondée sur l'anatomie et les fonctions, parceque ses agents et son action s'appuyent non sur les données essentiellement variables de l'empirisme, mais sur les lois les plus constantes et les plus positives de l'économie animale.

C'est d'après ces principes de saine logique qu'il nous

est aisé de démontrer que le bain de chaleur, dit *Bain Turc*, a sur tous les autres systèmes de balnéation une supériorité incontestable, que chaque lecteur par le bon sens et la réflexion pourra apprécier, et dont chaque client se rendra compte par une seule expérience personnelle.

1° Le *Bain ordinaire* ou bain d'eau tiède, rend faible et délicat. En sortant de la baignoire, on a besoin d'être chaudement plié dans des linges secs et moelleux, et encore on éprouve pendant des heures des sensations de frisson, la pulpe des doigts se contracte et se gerce, la vie et la circulation se concentrent à l'intérieur ; comme résultante d'un bain tiède, l'on a une grande absorption d'eau, une déperdition de calorique et de force électrique ou nerveuse, ce qui est synonyme ; en sorte que les personnes qui abusent de ces bains ne tardent pas à devenir pâles, joufflues et lymphatiques, c'est dire un premier pas vers la scrofule. Le Bain Turc a des effets tout opposés : le mouvement imprimé à la circulation est tout centrifuge ; toute la périphérie du corps est active et colorée ; les rides et les creux disparaissent sous cet éclat que reçoit la peau vraiment vitalisée. Au lieu d'absorber de l'eau, l'on exhale en abondance une transpiration chargée de tous les produits de la dénutrition, c'est-à-dire de tous les matériaux usés de l'économie. C'est donc une vraie dépuration qu'opère le bain de chaleur sèche, tout en étant l'agent agréable d'une propreté parfaite.

2° Le *Bain Russe*, ou de vapeurs humides, commun à tout le nord de l'Europe, et déjà très-répandu en France, a été un progrès réel sur les bains d'eau de baignoire, et cela grâce à un lavage plus complet, à une excitation plus grande de la peau, et surtout grâce aux abondantes ablutions d'eau froide qui le terminent. Mais de combien n'est-il pas inférieur au Bain Turc, et pour l'agrément et pour les résultats, en laissant de côté même l'économie de combustible, bien plus considérable pour convertir l'eau en vapeur que pour maintenir de l'air sec et chaud dans des salles voûtées en briques réfractaires? Les vapeurs intenses du Bain Russe, dans lesquelles l'on peut à peine séjourner un quart-d'heure, sont suffocantes et provoquent aux yeux une cuisson douloureuse, et oppressent la respiration. C'est avec bonheur que l'on s'arrache à ces antres de vapeurs brûlantes, pour aller se rafraîchir au contact d'une pluie d'eau froide et d'un air plus respirable; et le bien-être que l'on éprouve ensuite est, en grande partie, la conséquence du malaise que l'on vient d'endurer! Rien de semblable dans le Bain Turc où l'on passe graduellement par des salles chaudes, propres, claires et aérées, sans aucune sensation pénible, mais bien avec le sentiment constant d'une douce chaleur toujours agréable, qui vous pénètre comme une transfusion de fluide vital. L'usage des Bains Russes, quoique mitigés par l'eau froide qui redonne du ton à la peau relâchée par la chaleur humide, prédispose les individus au lymphatisme : de plus, ces bains abattent et énervent, en soustrayant par une atmosphère humide le fluide électrique ou nerveux qui est le moteur de la vie. Aussi les Russes ne prennent-ils ces bains qu'une fois par semaine. C'est le contraire avec le Bain Turc, dont la chaleur, presque sèche et très-élevée, développe une électricité qui s'ajoute au corps du baigneur et s'y transforme en fluide nerveux ; de là, l'effet tonique et stimulant de ce bain. Enfin, les résultats de la chaleur, comme rayonnement calorifique et électrique, ne se produisent que faiblement dans le Bain Russe, puisque ces vapeurs aqueuses ne peuvent dépasser 45 à 50° sans devenir insupportables au corps, et qu'un milieu humide est toujours un soustracteur du fluide électrique ; dans un milieu d'air sec, au contraire, l'on peut sans efforts résister à des températures de 80 et 100°, et l'oxygène de l'air n'en est que plus électrisé, c'est-à-dire *ozonifié*.

3° L'*Hydrothérapie* est une des innovations les plus utiles que l'on ait apportées à la pratique hydrologique. Priesnitz, l'empirique de Grœffenberg, a été sans doute un bienfaiteur de l'humanité, en montrant combien l'on peut impunément et avec avantage passer par des températures opposées, et traiter efficacement une foule de maladies, sans autre agent thérapeutique que cette impulsion normale donnée aux fonctions naturelles par *l'air*, par l'*eau*, par le *mouvement* et par le *régime*. Mais l'hydrothérapie *pure* a aussi ses dangers, ses répugnances invincibles pour certaines constitutions, ses contre-indications évidentes pour plusieurs maladies. — Le bain turc complète et perfectionne l'hydrothérapie, en la rendant possible et agréable à tous, et dans un cercle bien plus étendu d'affections. En effet, l'eau froide, appliquée sur un corps non préparé, a pour effet de le surprendre; de lui arracher même des cris de douleur et de suffocation; le sang violemment refoulé à l'intérieur, *par une action trop prolongée de l'eau froide*, va congestionner les viscères internes; cela n'est que pénible et nullement dangereux pour les personnee saines et robustes, parce que la réaction ne tarde pas à se produire et le sang de revenir à la peau; mais sur des personnes faibles et impressionnables, dans les cas de congestion et d'inflammation, dans les lésions organiques, ce brusque flux du sang à l'intérieur peut être dangereux, parfois jusqu'à l'Apoplexie; et malheureusement la réaction est d'autant moins facile que le sujet est plus débilité et malade. — Rien à craindre avec le Bain turc : l'on a sous la main les deux moteurs compensés de l'action et de la réaction, la chaleur et le froid; ce n'est point comme dans l'hydropathie, un mouvement de circulation centripète qui est provoqué d'abord; mais, au contraire, c'est un transport centrifuge, lent, gradué de la circulation à l'extérieur du corps; c'est un déplacement régulier, uniforme du sang à la périphérie sous l'influence d'une chaleur sèche, progressive et toujours agréable. Les frictions, le massage, le savonnage, les ablutions alternées d'eau chaude et d'eau mitigée continuent, comme fonctionnellement, ce mouvement de décentralisation du sang ; et à la fin, l'intervention de l'eau froide soit en douches, soit surtout par l'immersion instantanée et peu prolongée dans la piscine d'eau courante, n'est qn'un correctif agréable et rapide qui ferme les pores actifs outre mesure, qui rafraîchit la peau trop brûlante, et qui sans congestionner aucun viscère normalise les trois grands pouvoirs de la peau : l'*exhalation*, l'*absorption* et la *sensibilité*. Or, l'harmonie de cette triade potentielle est une garantie infaillible de la santé de la peau, et aussi des organes qu'elle recouvre de son enveloppe protectrice. Aussi le salut arabe est-il dans cette sentence : *suez bien* (Arak Taïeb) bien autrement expressif que le banal *portez-vous bien* de l'Occident.

§ 7. — Avis réglementaires du Hammam.

1° Les Bains, *pris en commun*, imposent à l'administration certaines exigences. Les baigneurs ne pourront se livrer à des conversations trop bruyantes ou inconvenantes. Tout baigneur atteint de difformités ou d'affections répugnantes ne sera pas autorisé à rester dans le bain public ; et un avis particulier de la direction avertirait ces personnes de la prohibition encourue.

2° La plus grande propreté doit régner dans le bain ;

l'on ne peut entrer aux salles chaudes et au salon de repos que pieds nus ou en pantoufles. Les clients sont instamment priés de ne rien laisser tomber sur les parquets et sur les tapis qui pourrait en altérer la netteté.

3° Les valeurs, comme montre, bijoux, bourse, peuvent être déposées au bureau contre une contremarque numérotée ; on accompagne même ce dépôt d'un billet indiquant les initiales du déposant. L'administration ne sera responsable que des valeurs ainsi confiées. Toutefois, l'organisation du vestiaire, qui permet de renfermer tous les effets dans des casiers numérotés et fermés, donne à chacun une sécurité suffisante.

4° Les employés sont tenus à la plus grande politesse; ils ne peuvent parler à haute voix, ni s'asseoir en présence d'un client. Un registre de réclamations est en permanence ouvert au bureau, où chaque plainte fondée sera reçue avec reconnaissance.

5° Les employés ne peuvent, sous aucun prétexte, ni demander ni recevoir de pourboires. Une caisse pour le service, placée sur la toilette commune, sera à la disposition des bonnes grâces du client satisfait ; et ces gratifications deviendront la propriété exclusive de tout le personnel.

6° La suspension du Bain, par suite de réparations ou par force majeure, sera annoncée par un avis au bureau, et même dans les journaux. Dans ees cas, l'administration n'encourra aucune responsabilité envers les abonnés. Il en sera de même pour toutes les modifications qu'un intérêt général conseillerait d'introduire dans le service et dans l'horaire.

Le Directeur,

Docteur Ch. DEPRAZ.

Paris. — Typ. Charles de Mourgues frères.

www.ingramcontent.com/pod-product-compliance
Lightning Source LLC
Chambersburg PA
CBHW061013050426
42453CB00009B/1408